우리 아이 공부짱, 인기짱 되는 방법

웃으면서 배워요 ②

시험, 무섭지 않아 & 스트레스 날리기 편

트레버 로메인 · 엘리자베스 베르딕 지음

이소희(숙명여대 아동복지학과 교수) · 이정화(한국부모코치센터 대표) 옮김

KB201448

한 언 HANEON.COM

웃으면서 배워요 ②

시험, 무섭지 않아 & 스트레스 날리기 편

펴 냄 2005년 8월 25일 1판 1쇄 박음 | 2005년 9월 1일 1판 1쇄 펴냄
지은이 트레버 로메인 · 엘리자베스 베르딕
옮긴이 이소희 · 이정화
펴낸이 김철종
펴낸곳 (주)한언
        등록번호 제1-128호 / 등록일자 1983. 9. 30
주 소 서울시 마포구 신수동 63-14 구 프라자 6층(우 121-854)
        TEL. 02-701-6616(대) / FAX. 02-701-4449
책임편집 한언 출판기획팀
디자인 백주영 jybaek@haneon.com
홈페이지 www.haneon.com
e-mail haneon@haneon.com
        이 책의 무단전재 및 복제를 금합니다.
        잘못 만들어진 책은 구입하신 서점에서 바꾸어 드립니다.

        ISBN 89-5596-262-2 03370
              89-5596-264-9 03370 (세트)

웃으면서 배워요 ②

시험, 무섭지 않아 & 스트레스 날리기 편

스트레스 없는 상쾌한 나날을
마음껏 누려보세요.

To

From

소중한 아이들의
빛나는 미래를 위하여

무조건 자녀들을 닦달해서 성적만 올린다고 그들이 성공적인 인생을 살 거라고 생각하는 건 큰 오산입니다. 지금 성공의 개념은 급속도로 변하고 있습니다. 좋은 성적이 좋은 대학으로, 좋은 대학이 좋은 회사로 연결되고, 좋은 회사에 입사하는 게 결국 인생에 성공을 가져다준다는 생각은 바뀌어야 합니다. 인생의 목표가 없는 아이들은 좋은 대학에 들어가도 허송세월하기 일쑤며, 사회성이 없거나 스스로 자신의 생활을 관리해본 적 없는 사람들은 무기력한 삶을 살게 마련입니다.

그래서 현재 많은 아동교육자들이 성적이 아닌 사회정서적 능력을 키워주는 교육법에 주목하고 있는 것입니다. 어떤 상황에도 유연하게 대처하고, 사고력과 집중력을 통해 스스로 문제를 해결하는 능력들이 아이의 밝은 미래를 보장해주고, 그것이야말로 21세기 사회가 요구하는 필수적인 능력입니다. 낯선 상황을 두려워하고, 거부하는 아이와 무슨 일에든지 주체적으로 도전하는 아이의 발전가능성은 확실히 다릅니다. 결과에 좌절하기보다는 실패를 분석하고, 외부적인 상황이나 사람을 탓하기에 앞서 자신을 돌아보며 더 효과적인 대안을 내놓을 수 있는 아이가 더 건강하고 행복하게 자란다는 것 역시 두 말할 필요가 없습니다. 그래서 부모님들은 어릴 때부터 아이에게 문제를 스스로 해결하는 힘과 그것을 효과적으로 실행하고 관리하는 능력을 키워줘야 하는 것입니다.

이 책은 바로 그런 취지에서 탄생했습니다. 이 책은 아이들이 실생활에서 겪는 여러 가지 사건과 그것의 해결책을 쉽고, 재미있게 제시하고 있습니다. 첫번째 단계에서는 아이들이 스스로 자신의 상태를 돌아보게 합니다. 자신이나 주위환경, 다른 사람들에 대한 부정적인 생각들, 게으름과 무기력함, 아이 자신도 모르게 하고 있는 잘못된 습관들을 돌아보게 합니다. 두번째 단계에서는 긍정적으로 사고하고 그것을 위해 배워야 할 구체적인 지침들과 명백한 근거들을 알려줍니다. 세번째 단계에서는 스스로를 변화시킬 수 있는 방법을 한 단계, 한 단계 구체적으로 알려줘서 실천할 수 있도록 도와줍니다. 이러한 과정을 통해 아이들은 그저 아는 것에만 그치는 게 아니라 생각을 변화시켜 행동까지도 변화시킬 수 있게 되는 것입니다.

이 책에서 다루고 있는 '시험과 스트레스' '숙제와 분노' '따돌림과 싸움꾼' 등은 아이들이 생활 속에서 매일매일 겪고 있는 문제들일 뿐더러 나아가 사회성, 자존감 등에 영향을 미치는 문제기도 합니다. 이러한 문제들을 어떻게 다루느냐에 따라 앞으로 인생에서 부딪힐 수 있는 문제들에 대한 대처방식이 결정되고, 그것에 따라 아이들은 자기 안에 있는 긍정적인 에너지와 잠재력을 발견하고 자신감을 지니게 되기 때문입니다.

그렇기 때문에 이 책은 자라나는 성장기 아동들의 생활지침서가 될 수 있습니다.

특히, 지금까지 아이들이 직접 읽고 생각하며 그 내용을 부모와 함께 토론할 수 있는 책이 전무후무했기 때문에 더욱 그러합니다. 이 책의 장점을 다섯 가지로 더 세분해서 알아보자면 다음과 같습니다.

첫째, 초중고등학교 학생들이 한번쯤 고민해봤을 문제들에 대한 해결책을 아이들의 눈높이에 맞게 제시합니다.

둘째, 아이들이 직접 읽고 생각하며 문제에 대처할 수 있도록 도와줍니다. 특히 이를 위해 문제나 해결책을 아주 작은 단위로 나눠서 누구나 쉽게 공감하고 실행할 수 있도록 도와줍니다.

셋째, 부모님들도 아이들이 겪는 어려움을 이해할 수 있게 해줍니다. 아이들의 마음과 입장을 충분히 고려하고 보다 구체적이고 세부적으로 아이의 욕구를 이해할 수 있도록 도와줍니다.

넷째, 실질적인 교재로 사용할 수 있습니다. 선생님과 학생들이 각 주제에 대한 토론을 통해 각자의 생각과 느낌을 나누고 실천방안을 모색할 수 있도록 도와줍니다.

다섯째, 아이들의 호기심을 불러일으키고 관심을 지속시킬 수 있도록 아이들의 언어를 사용했고, 재미있는 이미지를 수록했습니다.

아동의 발달과 성장을 고민하며 그들이 스스로 클 수 있는 방법을 모색하는 아동학자의 입장에서 봤을 때, 이 책이야말로 아이들을 위한 '자기계발서'라고 확신합니다. 아이들이 자신의 느낌과 생각들을 다시 한 번 뒤돌아보고 즐거움 속에서 자신을 변화시킬 수 있도록 도와주기 때문입니다.

끝으로 아이들의 발달과 성장에 가장 필요한 학습법과 아이들에게 맞는 방법이 무엇인지 알고 실천하는 한언 출판사 여러분께 격려와 감사의 말씀을 전합니다.

옮긴이 이정화 · 한소희

PART 1
시험, 무섭지 않아!

차례

PART 2

스트레스 날리기!

PART 1 시험, 무섭지 않아!

시험이 싫다고 아무리 도리질을 쳐봐도 시험은 여러분 곁을
떠나지 않아요. 시험은 여러분을 너무 좋아하거든요. 그러니
무조건 싫어하지만 말고, 시험과 좋은 친구가 돼보세요. 여기,
시험을 친구로 만들 수 있는 방법들이 무궁무진하게 들어 있
답니다.

오오, 시험이 다가온다!

시험을 쳐야 한다고? 으악, 싫어요! 자, 여러분~ 진정하세요. 여러분만 시험을 무서워하는 건 아니랍니다. 모든 학생들은 시험을 앞두고 긴장하게 마련이지요.

시험은 고통스럽고, 힘들고, 어려운 것이잖아요.

여러분은 학교 다니는 내내 시험을 쳐야만 합니다. 슬프지만 사실이죠. 받아쓰기, 수학 시험, 쪽지 시험… 봐야 할 시험목록은 끝이 없지요.

평생 동안 봐야 할 시험을 종이에 다 적어서 그 목록을 쭉 이어보면, 아마 만리장성을 다 덮고도 남을 걸요! (만리장성이 뭔지 모르겠다면, 한번 찾아보세요. 언젠가는 시험에 나올 테니까요.)

그러나 여기 좋은 소식이 있어요. '시험 잘 치는 사람'이 될 수 있는 방법이 있다니까요. 그 방법만 안다면 여러분은 전보다 더 자신 있게, 스트레스는 덜 받으면서 시험을 볼 수 있을 거예요. 바로 이 책에 그 방법이 나와 있으니 지금부터 눈을 크게 뜨고 잘 읽어보세요.

싫어도 어쩔 수 없는 것!

시험이 전염병처럼 느껴지나요? 주변을 왱왱거리며 날아다니는 왕파리처럼 느껴지나요? 안 됐지만 이 세상에 '시험을 없애는 살충제' 같은 건 없답니다. 칙칙 뿌려서 시험을 사라지게 할 약은 아마 영원히 개발되지 않을 거예요.

물론, 어쩌면 여러분이 그런 약을 발명하게 될지도 모르죠.
하지만 그러려면 먼저 과학 시험을 아주 잘 봐야 할 걸요!

왜 전 세계 학생들은 시험을 봐야만 할까요? 시험이란 일종의 벌일까요? (물론 아니죠.)

그게 아니면, 여러분의 인생을 괴롭게 만들려는 어른들의 수작일까요? (글쎄요.)

그것도 아니라면… 도대체 시험은 왜 있는 걸까요? 이 괴로운 걸 누가 만든 거지요?

시험은 말 그대로 여러분을 '시험' 하는 거예요. 시험은 학교에서 배운 여러 가지 지식, 정보, 단어, 공식 같은 걸 기억하게 만드는 한 방법일 뿐이에요.

그러니 시험을 전염병처럼 생각하지 말고, 배우고 성장하고 **여러분이 알고 있는 것을 보여주는 한 과정**이라고 생각해 보세요.

어떤 시험은 정말 어려워요. 여러분은 선생님이 "그만! 연필을 내려놓으세요!" 하고 말할 때까지(그 바람에 너무 놀라서 연필을 떨어뜨리기까지 해요.) 로봇처럼 자리에 앉아서 열심히 시험지를 풀지요.

그러면서 이렇게 생각할지도 모르죠.

'시험이 너무 어려워.
차라리 벌레를 잡아먹는 게
더 쉽겠어.'

'어쩌면 썩은 달걀 냄새를 맡는 게
더 쉬울 지도 몰라.'

'아니, 딱딱한 거북이하고
뽀뽀하는 게 더 낫겠어.'

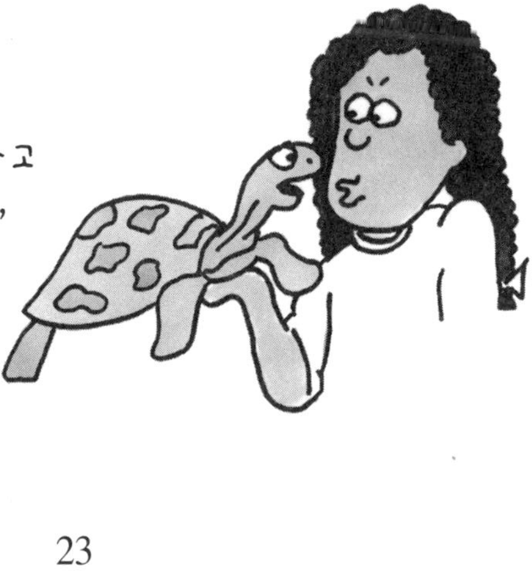

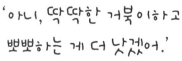

그러나 여러분이 좋아하든 싫어하든 간에, 어쨌든 시험은 계속 된답니다.

그럼 어떻게 해야 할까요? 시험을 없앨 수 없다면… 음, 그럼 이제 시험을 잘 볼 수 있는 방법을 배워야죠.

비결은 바로 이거예요. 아래에 나와 있는 두 가지만 알고 있으면 모든 시험은 식은 죽 먹기죠.

1. **무엇이 나오는가**(가능한 한 많이 알아두는 게 좋아요.)
2. **어떻게 보면 되는가**(비법을 계속 읽어보세요.)

시험 SOS, 이제 시험이 두렵지 않아

'SOS'는 도움을 구하는 신호입니다. 시험 SOS를 잘 읽어보면 시험을 잘 볼 수 있는 방법을 알게 될 거예요. 그렇게 되면 더 이상 시험을 두려워하지 않게 되겠죠.

You   Can   take A

너는 100점을 맞을 수 있어

Y +   TEST!!!

Why   hit   test

그런데 왜 시험을 보지 않으려고 하지!!

시험을 잘 보려면…

1. 시험 문제 추적하기

선생님께서 "시험에 나올 거다!"라고 말씀하시는 것에 특별히 주의를 기울이세요. 공책에 적고 별표도 쳐두세요.

2. 시험 문제 조사하기

선생님의 표정이나 몸짓을 관찰하고, 무슨 말씀을 하시는지 잘 들어보세요. 그러면 시험에 뭐가 나올지 힌트를 얻을 수 있어요. 예를 들어, 선생님이 밑줄까지 치시면서 설명하신다면, 시험에 나올 가능성이 80%에요.

3. 연습 시험 보기

진짜 시험을 위해 연습 시험을 준비해보는 것도 좋아요. 가능하다면 선생님께 부탁해서 시험 문제를 내달라고 해보세요. 그러면 무엇을 더 공부해야 할지, 무슨 과목의 실력이 부족한지 알 수 있을 거예요.

4. 시험에 필요한 도구 챙기기

시험을 보기 전에, 필요한 도구를 빠짐없이 준비하세요. 여러 자루의 펜이나 연필(연필은 잘 깎아놓고, 잘 지워지는 지우개도 같이 준비해야죠.), 필요한 것을 적어둔 공책 등 시험 볼 때 도움이 될 만한 것은 모두 다 챙겨두세요.

5. 편안하게 옷 입기

편안한 옷과 신발을 준비하세요. 여러 겹의 옷을 입어서(티셔츠 위에 스웨터를 입는 식으로) 너무 덥거나 추우면 하나씩 벗거나 다시 걸쳐 입어도 좋아요.

초특급 비밀!

선생님들도 절대 알려주시지 않았던 비법을 살짝 알려줄게요!

- 답을 잘 모를 때는, 이리저리 생각해보세요. 무작정 찍으면 틀릴 가능성이 높아요.

- O/X를 적는 문제라면 문제의 단어에 집중하세요. 만약 문제에 '때때로, 가장, 거의 아닌' 같은 단어가 나와 있다면 답은 'O'일 가능성이 높아요. '항상, 절대로' 같은 단어가 문제에 나와 있다면 보통 'X'가 답이랍니다.

- 객관식 문제는 '지우는 기술'을 활용해보세요. 답이 확실하게 아닌 것부터 지워나가는 거죠. 이 방법은 정답을 맞힐 확률을 높여준답니다.

- 보통 제일 처음 떠오른 답이 정답일 경우가 많아요. 그러니까 쓸데없이 생각을 많이 해서 괜히 틀린 답을 고르지 말아요.

- 다른 번호의 문제에 정답의 힌트가 숨어 있기도 하답니다!

시험을 보고 있으면 몸이 나무토막처럼 뻣뻣해지나요? 그건 여러분이 긴장했다는 뜻이에요. 어쩌면 진짜로 몸이 아픈 것일 수도 있고요. 아침식사로 먹은 밥과 국을 다 토해버리거나 정신을 잃고 책상 위에 쓰러질 수도 있어요. 그러나 여러분, 신경이 예민해지고 긴장 때문에 몸이 아프더라도 정신을 차려야 해요! 어쨌든 여러분은 시험을 봐야만 하니까요!

시험 볼 때의 좋은 자세

시험 볼 때의 나쁜 자세

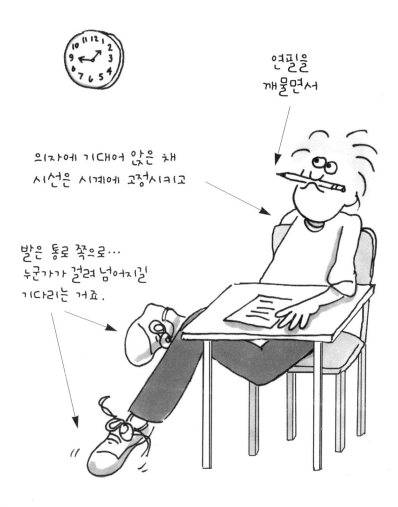

연필을
깨물면서

의자에 기대어 앉은 채
시선은 시계에 고정시키고

발은 통로 쪽으로…
누군가가 걸려 넘어지길
기다리는 거죠.

Tip 시험 시간에 자연스럽게 자세가 나오도록 평소에도 좋은 자세를 계속 연습하세요.

시험 볼 때, 신경을 거슬리게 하는 친구가 있나요?

안절부절 못하는 아이

중얼거리는 아이

계속 연필만 깍아대는 아이

그 아이들이 여러분의 집중력을 흐트러뜨리게 놔두지 마세요! 집중하기 어렵다면, 교실 뒤의 빈 자리로 옮겨도 되는지 선생님께(조용히) 말씀드려보세요. 만약 신경이 예민한 편이라면 다음 시험 때는 다른 교실에서 시험을 봐도 괜찮을지 선생님이나 교장선생님께 여쭤보세요.

깜짝 테스트 #1

'예/아니오'로 답하세요.

시험 보기 전날, 이런 태도는 좋을까요, 나쁠까요?

1. "준비됐어"와 같이
   긍정적인 생각을 한다.   예☐   아니오☐

2. 조용한 장소에서 공책을 훑어본다.   예☐   아니오☐

3. 헷갈리는 건 다시 한 번 읽어본다.   예☐   아니오☐

4. 필요하다면 친구에게 도움을 청한다.   예☐   아니오☐

5. 부모님께 예상 문제를 내달라고 부탁한다.   예☐   아니오☐

6. 수업시간에 봤던 쪽지 시험지를
   다시 한 번 훑어본다.   예☐   아니오☐

7. 푹 잘 잔다.   예☐   아니오☐

 **정답** 옆 질문지의 모든 문제에 '예'라고 대답했다면, 여러분은 시험을 잘 볼 수 있는 사람입니다. 스스로에게 100점을 주세요. 또한 시험은 기분 나쁜 게 아니라는 사실도 꼭 기억해 두세요.

맞는 답을 고르세요.

시험 날 아침에 먹으면 좋은 음식은 무엇일까요?

1. 초콜릿 도넛

2. 과일을 곁들인 요구르트나 토스트

   혹은 따뜻한 국과 밥, 기름지지 않은 반찬 몇 가지

3. 베이컨과 달걀, 불고기와 계란 후라이, 닭튀김,

   후식으로 과자를 잔뜩

4. 카페인이 들어 있는 음료수. 다른 건 먹지 않는다.

정답 : 2　전문가들은 아침식사를 제대로 하는 아이들이 학교생활도 잘한다고 얘기합니다. 영양가 있는 아침식사를 먹으면 활기차게 하루를 시작할 수 있어요. 에너지를 금방 없애버리는 설탕과 카페인은 되도록 피하는 게 좋고요. 몸을 피로하게 하는 기름진 음식도 마찬가지에요. 그렇다고 아무것도 먹지 않은 상태에서 시험을 보진 마세요! 배가 고프면 생각하기도 어렵거든요. 게다가 시험 보는 도중에 배에서 꼬르륵 소리가 난다면 부끄럽잖아요!!

시험 볼 때 지켜야 할 4가지

1. 일찍 도착하기

일찍 교실에 들어가서 공책을 다시 한 번 훑어보세요. 그런 다음 마음이 차분해지도록 잠깐 휴식을 취해요.

2. 지시사항 확인하기

지금 당장 문제를 풀고 싶겠지만, 먼저 지시사항을 잘 알고 있어야 해요. 시험지 전체를 훑어보고 무엇을 해야 할지 확인해보세요.

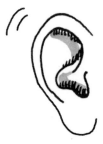

3. 궁금한 게 있으면 질문하기!

지시사항이 이상하다거나 문제가 말
이 안 되는 것 같으면, 주저하지 말고
선생님께 여쭤보세요.

4. 쓴 답 검토하기

시험지를 내기 전에 모든 문제에 답을 썼는지 확인해보세요.
여러분이 쓴 답이 만족스러운가요? 그렇지 않다면, 헷갈리는
문제로 돌아가서 정답을 다시 한 번 생각해보세요.

알맞은 답을 고르세요.

여러분이 문제를 다 풀기도 전에 다른 학생들은
문제를 다 풀고 엎드려 자기까지 합니다.
이럴 때 여러분은 어떻게 할 건가요?

1. 그 학생들이 자기보다 똑똑하다고 생각한다.

2. 그 학생들을 무시하고 시험에 집중한다.

3. 따라잡기 위해 재빨리 문제를 푼다.

4. 포기한다. 시험지를 접어서 종이비행기를 만든다.

정답 : 2　　걱정하거나, 서두르거나, 포기하지 마세요. '더 빠르다'는 게 '더 똑똑하다'는 뜻은 아니니까요. 일등으로 문제를 다 풀었다고 해서 더 좋은 점수를 받는 건 아니랍니다. 충분히 시간을 활용하세요.

시험 볼 때 할 일과 하면 안 되는 일

선생님이 곧 시험을 볼 거라고 말씀하실 때

해야 할 일!
어떤 종류의 시험인지, 무엇에 대해 볼 것인지 여쭤보세요.

그러나 절대! 이렇게는 하지 마세요.
아래 그림처럼, 시험에 끈질기게 매달리지는 말아요!

혹은 시험이 끝나고 딱 2초 후에···

문제의 답을 잘 모를 때,

해야 할 일!

다음 문제로 넘어가서 모든 문제를 다 푼 후에 다시 그 문제로 돌아가세요. 꼭 순서대로 문제를 풀어야 하는 건 아니니까요.

절대! 이렇게는 하지 마세요.

주관식 난은 답을 적으라고 있는 거예요. 문제의 답을 모를 때는 그냥 빈칸으로 남겨둬요. 괜히 답과 관계가 있을 거 같다고 자신이 알고 있는 모든 것들을 빽빽하게 적어내지는 말아요. 여러분은 자신이 이만큼 알고 있다는 걸 선생님이 알아줬으면 하

교장실

겠지만, 선생님은 X - 레이 장비 없이도 여러분 속을 훤히 볼 수
있답니다!

　그리고 '절대' 커닝하지 마세요. 옆 자리에 앉은 친구의
문제지를 아주 조금이라도 넘겨보았다면, 그건 부정행위에요.
커닝은 규칙에 어긋나는 것이지요. 그렇게 해서 맞는 답을 적
었다 해도 그건 여러분이 배우고 익힌 게 아니랍니다.

누군가가 여러분의 답안지를 보려고 할 때,

해야 할 일!

답안지를 가리고 계속 문제를 푸세요. 나중에 선생님께 말씀
드릴 수 있어요.

절대! 이렇게는 하지 마세요.

벌떡 일어나서 그 학생을 손가락질하며 "여러분! 이 나쁜 친구가 내 답안지를 훔쳐봤어요!"라고 외치지는 마세요. 다른 학생들은 아직 시험을 끝내지 않았답니다. 그렇게 소리 지르면 시험 보는 데 엄청난 방해가 될 거예요.

끔찍한 시험 스트레스

여러분은 이런 경험을 해본 적이 있나요? 시험은 내일인데, 꿈속에서는 오늘이 시험 날인 거예요. 게다가 꿈 내용은 어찌나 끔찍한지…. 그리고 나면 다음날은 하루 종일 불안하고, 안절부절못하게 되지요.

갑자기 이런 소리가 들리죠. "일어나! 학교 늦겠다!"

문밖으로 뛰쳐나가려는데 막 버스가 가버리는 거예요. 할 수 없이 걸어가려고 하는 순간, 아아, 다리가 말을 듣지 않는 거예요. 마치 발이 바닥에 딱 붙어버린 것처럼요.

간신히 학교에 도착했지만, 이미 시험은 시작돼 버렸어요. 아차, 연필을 안 가져온 게 생각나네요. 그런데 뭔가 다른 것도 안 가져온 것 같은 느낌이에요. 그게 과연 뭘까요? 그러고 보니 아까 교실에 들어설 때 반 아이들이 자신을 보면서 손가락질했던 게 기억나요. 그래서 아래를 쳐다봤는데, 세상에! 바지를 안 입고 온 거 있죠. 오, 정말 끔찍한 악몽이에요. 도대체 이런 악몽은 왜 꾸는 걸까요?

그건 바로 '**시험 스트레스**'가 심하기 때문이에요.

시험 스트레스가 뭐냐고요? 시험이 너무 걱정돼서 똑바로 생각할 수 없는 상태를 가리키는 말이에요. 시험 스트레스가 심해지면 도저히 문제에 집중할 수 없게 되죠. 공기가 안 통하는 좁은 방에 갇힌 느낌이랑 비슷할 거예요. 아니면 고무 밴드를 잔뜩 감은 통통 튀는 공속에 갇혀 있는 느낌이랑 비슷하겠지요.

시험 스트레스는 시험 날 '**총공격**'을 하죠. 그래서 시험 시간이 다가오면, 여러분은 거의 기절할 지경이 될 거예요!

시험 스트레스는 여러분을 아래 그림들처럼 만들 수도 있어요. 여러분이 시험 스트레스를 받았을 때의 모습과 가장 비슷한 그림은 무엇인가요?

혼란　　　　　공포

긴장　　　　속수무책

걱정　　　　아픔

분노   의심

멍청   안절부절

어떤 답을 골랐든, 다 맞아요! 사람에 따라 시험 스트레스가
나타나는 모습 또한 다르거든요.

시험 스트레스가 심해지면…

1. 시험 보는 동안 완전히 얼어붙는다.

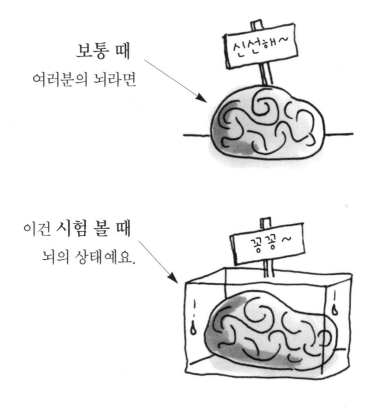

보통 때
여러분의 뇌라면

이건 시험 볼 때
뇌의 상태예요.

2. 머릿속이 텅텅 비어버린다.

　여러분이 알고 있던 것들이 둥둥 떠서 다른 사람의 머릿속으로 들어간 것 같지요?

3. 큰일이 일어났으면 하고 바란다.

4. 너무 긴장해서 숨을 안 쉬고 있다는 사실도 깨닫지
   못한다. (얼굴색이 파랗게 질리면, 신선한 공기가 필요하다
   는 신호에요. 그것도 되도록 빨리요!)

5. 세상에서 제일 큰 롤러코스터를 타고 있는 기분.
게다가 방금 안전 손잡이마저 부러져버렸어요!

여러분의 몸과 마음이 왜 이런 식으로 반응하는지 궁금한가요? 그 이유를 알려드릴게요. 사람들은 원래 두려운 것과 마주쳤을 때 이런 반응을 보이도록 돼 있거든요. 전문가들은 이것을 '공격 – 도피 반응'이라고 해요. 즉 여러분의 몸은 무서운 것과 마주치게 되면 싸우거나(공격) 도망가려고(도피) 하죠. 불을 뿜는 거대한 용 앞에 있어보면 확실히 알 수 있을 거예요.

스트레스를 너무 많이 받은 나머지, 마음에서는 "도망가!"라고 말할지도 몰라요. 그러면 몸도 그 말에 따르고 싶어할 거예요. 하지만 여러분은 시험에서 도망칠 수가 없어요. 시험으로부터 몸을 숨길 수도 없고요. 도망치거나 숨는다면, 낮은 시험 점수가 여러분을 계속 따라다닐 거예요.

게다가, **시험은 무척이나 장난이 심하답니다.** 때로는 느닷없이 여러분 앞에 '**짠!**' 하고 나타나기도 하지요. 깜짝 테스트, 쪽지 시험이 항상 그렇잖아요!

엄청나게 시험 스트레스가 심한데 그 스트레스를 어떻게 없애야 할지 모르겠다면? 게다가 그런 상황이 자꾸 반복된다면 어떤 상황이 벌어질까요?

아마도 시험을 끔찍하게 싫어하게 될 거예요. 시험 얘기만 나오면 얼굴이 파랗게 질리겠죠.

하지만 무작정 시험을 싫어하기만 한다면…

결국 달라지는 건 아무것도 없다는 사실!

누가 시험 스트레스에 시달리는가?

정답 : 모두 다

어른이든 아이든 시험을 무서워하기는 마찬가지랍니다.

공부를 잘하는 아이들은 시험 보는 걸 좋아하고 시험 스트레스 같은 건 받지 않을 것 같다고요? 글쎄요?

결국, 공부 잘하는 아이들은 똑똑하니까 점수 걱정 따위는 절대로 하지 않을 거라고요? … 흠, 과연 그럴까요?

틀렸어요!

사실, 똑똑한 학생들도 끔찍한 시험 스트레스에 시달린답니다. 왜냐고요? 그런 학생들은 항상 최고가 돼야 한다는 압박감이 심하거든요. 어떤 아이들은 낮은 점수를 받으면 마치 세상이 끝나버린 것처럼 생각하기도 해요.

공부를 잘하지 못하는 학생들도 시험 스트레스를 받기는 마찬가지에요. 시험을 잘 못 볼 때마다 바보가 된 것 같아 슬퍼하기도 하지요. 자기는 영원히 성공할 수 없을 거라고 믿기도 하고, 어떤 아이들은 아예 공부하는 것, 배우는 것을 포기하기도 해요.

Tip

시험 보는 게 싫고 무엇을 해야 할지 모르겠다면, 혹은 수업을 따라가지 못하겠다면 지금 당장 누군가와 이야기해보세요. 선생님이나 교장선생님, 엄마나 아빠 등 여러분과 함께할 수 있는 사람이라면 누구라도 좋아요. 기꺼이 도와줄 거예요.

여러분이 알아야 할 중요한 사실이 있어요. 전문가들은 시험 스트레스가 '시험 성적'에 큰 영향을 미친다고 말해요. 시험에 대해 심각하게 걱정하는 아이들은 오히려 낮은 점수를 받는다는 거예요.

만약 정말 그렇다면, 더 높은 점수를 받기 위해서는 제일 먼저 시험 스트레스를 물리쳐야 한다는 결론이 나와요. 스트레스를 물리치려면 어떻게 해야 할까요? 일단 시험을 두려워하지 않는 법을 배워야 해요. 아래에 있는 '**시험 스트레스 없애는 방법**'을 활용해보세요.

이 부분을 탕탕 치세요.

농담이에요! 집에서(아니 어디에서도) 이 방법을 쓰면 안 돼요. 머리가 띵해질 테니까요!

72

어떻게 하면 좋지?

시험 스트레스를 없애려면, 일단 스트레스가 심해질 때 몸이 어떻게 반응하는지를 알고 있어야 해요. 몸이 떨리거나 아플 수도 있고, 이유 없이 짜증이 날 수도 있어요. 시험 스트레스 때문에 그러한 반응이 나타났다면 곧바로 이렇게 말해보세요. "나는 내 스트레스를 다스릴 수 있어!"

'시험을 잘 못 볼 거야.' '난 바보야.' 같은 생각 따위는 머릿속에서 지워버리세요. 스스로에게 이렇게 말하는 거예요. "난 할 수 있어!" 긍정적인 태도를 갖는 게 중요하답니다.

너무 심하게 긴장이 된다면, 일단 눈을 감고 마음을 차분히 가라앉혀보세요. 천천히 하나부터 다섯까지 세면서 코로 길게, 천천히, 깊게 숨을 들이마시세요. 그러고 나서 천천히 다섯부터 거꾸로 세면서 코로 숨을 내쉬세요. 이렇게 몇 번 숨을 들이쉬고 내쉰 후에 다시 시험지를 보세요. 숨쉬기는 여러분의 뇌에 산소를 전달해주기 때문에 심호흡을 하고 나면 머리가 더 질 돌아갈 거예요.

Tip 너무 떨릴 때, 자기 자신에게 '이건 시험일 뿐'이라고 말해보세요. 시험 보다가 죽은 사람은 아무도 없다고요!

똑똑하게 공부하는 법

이 책을 잠시 내려놓고 책가방을 가져오세요. 자, 이제 그 안을 들여다보세요.

그 안에는…

- 구겨놓은 숙제뭉치가 있나요?

- 날짜도 적히지 않은 공책이 있나요?

- 친구들에게서 받은 쪽지가 잔뜩 있나요?

- 지난주까지 끝냈어야 할 숙제가 아직도
  끝나지 않은 채로 있나요?

- 잃어버린 줄 알았던 교과서가 들어 있나요?

- 아니면 교과서는 한 권도 보이지 않나요?

음… 음…, 공부하는 습관을 좀더 들여야겠네요!

학교에 잘 다니려면, 책을 **공략**해야만 해요.

아니 아니! 책을 공략하라는 게 책을 때리라는 말은 아니에요! 책을 공략하라는 건 **공부**를 하라는 뜻이죠.

시험을 잘 보려면, 집에서도 교과서를 봐야 해요. 책 보기 전에 비디오 게임을 하고, 나가서 놀고, 방청소를 하고, 멍하니 천장을 쳐다보고, 쇼핑을 하러 가고, 언니나 동생을 괴롭힌다면, 정작 교과서 읽기는 하염없이 미루게 돼요. 그거야말로 절대 미루면 안 되는 일을 미루고 있는 거지요.

효과적으로 공부하기 위해서는, 일단 정리를 잘하는 습관을 들여야 해요. 색깔별로 구분된 파일(엄마한테 사달라고 해요!)을 준비하세요. 예를 들어 빨간 파일에는 '특별공부' 라는 제목을 붙여놓고, 집에서 공부할 때 필요한 자료들을 그 안에 모두 정리해놓는 거예요. 필기자료, 수업자료, 숙제 같은 걸 그 파일에 정리해두고, 필요할 때면 언제든 꺼내볼 수 있게 해두세요. 그 다음, 수첩을 마련해서 공부할 계획을 적어두세요. 날짜와 시간도 표시해야 해요.

공부를 하는 특별한 곳이 따로 있나요? 책상이나 테이블에 앉아서 하는 게 좋아요. 연습장, 연필, 펜, 시계를 근처에 항상 두고요. 공부하는 장소는 적당히 밝아야 해요(텔레비전에서 나오는 빛은 안 돼요!).

공부할 마음이 생기지 않는다면, '**공부친구**'를 찾아보세요. 여러분이 공부하는 걸 도와줄 친구가 있나요?

벼락치기는 안 돼요. 매일매일 그때그때 공부해야 시험을 잘 볼 수 있죠. 수업시간에 잘 적고, 잘 듣고, 토론에 참여하고, 질문하세요. 수업이 끝나면 공책을 읽어보세요. 그날 배운 것을 다시 읽어보는 거죠. 시험을 앞두고 있다면 적어도 일주일 전에는 공책, 숙제, 교과서를 다시 한 번 쭉 읽어봐야 해요. 시험 보기 직전에 다시 한 번 훑어보면 오랫동안 기억할 수 있답니다.

그거야말로 **두뇌**를 **훈련**시키는 훌륭한 방법이지요!

저번에 봤던 시험지도 시험 공부하는 데 활용할 수 있어요.

혹시 시험지를 받고 나서 점수만 확인하곤 바로 버리지 않나요? 그러지 말고, 어떤 문제를 맞았고 어떤 문제를 틀렸는지 확인해보세요. 틀린 문제는 정답이 뭔지 알아봐서 다음번에는 실수하지 않도록 해야 해요.

보너스 　 선생님도 실수하실 수 있어요. 채점이 끝난 시험 지라도, 꼼꼼히 다시 살펴보면 맞는 답인데 틀렸다고 표시된 것을 찾게 될지도 몰라요!

시험을 잘 봤나요? 축하해요! 집으로 가져가서 가족들에게 보여주고 냉장고나 가족 게시판에 자랑스럽게 붙여두세요.

시험을 잘 못 봤다 해도 너무 실망하지는 마세요. 대신 선생님과 이야기를 해본 후 공부계획을 세우는 거예요. 다음번에는 얼마나 더 잘할 수 있을까요? 기대되는 걸요!

시험에 관한 것 중 제일 중요한 게 뭔지 아세요?

일단 시험을 끝내고 나면, 기분이 최고로 좋아진다는 거예요! 게다가 시험도 잘 봤다면요? 정말 기분이 끝내주겠죠. 한 과목만 잘 봐도 사람들이 얼마나 칭찬을 해주는데요. 선생님이나 친구들이 "잘했어!"라고 말해줄지도 몰라요.

가장 좋은 건, 스스로를 자랑스럽게 여길 수 있다는 거죠.

PART 2 스트레스 날리기!

스트레스! 스트레스! 스트레스! 어른들만 스트레스에 시달리는 건 아니에요. 친구들 앞에서 발표해야 할 때, 해야 할 숙제가 너무 많을 때, 시험이 3일밖에 안 남았을 때 여러분들도 스트레스를 받는다는 걸 알아요. 여기, 스트레스를 휙 날려버릴 간단하고 재미있는 방법들이 있으니 어서 찾아보세요.

나의 스트레스 지수는?

이 책을 읽기 전에 여러분의 스트레스 지수를 한 번 측정해보세요. 생각보다 재미있답니다! 질문에 대답만 하면 모두다 100점을 맞을 수 있어요.

1. 누군가가 쫓아와서 정신없이 도망가거나, 시험시간에 전혀 모르는 문제만 나와서 답을 못 썼거나, 사람들이 많이 있는 곳에서 벌거벗고 있는 꿈을 꾼 적이 있나요?

예 ☐ 아니오 ☐

2. 학교 가는 게 너무 걱정돼서 토할 뻔한 적이 있나요?

예 ☐ 아니오 ☐

3. 커다란 뱀이 목을 조르는 것 같은
   기분을 느낀 적이 있나요?

   예 ☐ 아니오 ☐

4. 너무 피곤해서 걷고 있어도 아무
   런 느낌이 없던 때가 있었나요?

   예 ☐ 아니오 ☐

5. 할 일이 너무 많아서 도저히 끝이
   안 보이던 때가 있었나요?

   예 ☐ 아니오 ☐

6. 마법의 힘으로 스트레스
   를 완전히 없애버렸으면
   좋겠다고 생각한 적이
   있나요?

   예 ☐ 아니오 ☐

98

7. 너무 긴장해서 어깨가 딱딱하게 굳었던
   적이 있나요?　　　예□ 아니오□

8. 혹시 별명이 '심술쟁이'인가요?

　　　예□ 아니오□

9. 가끔 너무 답답해 펄쩍 펄쩍 뛸 때가 있나요?

　　　예□ 아니오□

10. 골치 아픈 문제에서 탈출하고 싶어서 외계인이 날 잡아
갔으면 하고 바랐던 적이 있나요?

예☐ 아니오☐

11. 세상이 너무 빨리 도는 것 같아 잠시 쉬고 싶었던 적이 있나요?

예□ 아니오□

결과 보기

거의 모든 질문에 '예'라고 답했다고요? 그렇다면 스트레스가 너무 많이 쌓여 있다는 소린데, 어서 가서 쉬어야 겠군요. 아, 그래도 이 책은 도움이 될 거니까 꼭 챙기세요.

몇가지 질문에만 '예'라고 답했다면, 스트레스 때문에 폭발할 상태는 아닌 거예요. 이 책은 유난히 스트레스를 많이 받은 날 참고하도록 하세요.

모든 문제에 '아니오'라고 말했다고요? 음, 지금 거짓말하고 있군요? 지금 구석으로 가서 반성하고 와요.

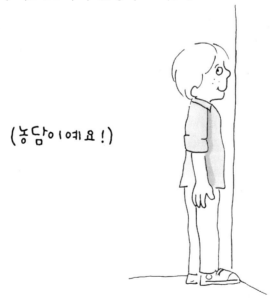

(농담이에요!)

도대체 스트레스가 뭐지?

스트레스는 볼 수도 만질 수도 없지만 느낄 수는 있어요. 몸과 마음이 긴장된 상태를 스트레스라고 하죠. 사람들은 새로운 것이나 무서운 것을 볼 때, 나와 다른 사람과 얘기할 때 스트레스를 받아요. 특히 부끄럼이 많거나 '최고'가 되고 싶은 아이들이 자주 스트레스에 시달리죠.

스트레스를 받으면 머리가 아프거나 토할 것 같이 되지요. 그렇지만 많은 친구들이 자기가 스트레스를 받고 있다는 사실조차 눈치 채지 못하죠.

다음의 단어들로 스트레스 받았을 때의 감정을 표현해보세요.

화르르

짜증나는

복잡한

안절부절못하는

신경질 나는

불안한

제멋대로인

도망가고 싶은

흥분되는

걱정되는

외로운

날카로운

우울한

심술궂은

변덕스러운

혼란스러운

정신없는

소름끼치는

덜덜 떨리는

긴장한

당장 울 것 같은

걱정되는

압도된

초조한

당황한

답답한

압박감

메스꺼운

침착하지 못한

무서운   피곤한

얽히고 설킨

곤란한

아픈

스트레스! 날 내버려 둬~

스트레스가 갑자기 밀어닥칠 때가 있어요. 누군가가 물을 한 가득 퍼서 갑자기 머리 위로 퍼붓는 것처럼 말이죠. 그러나 대부분은 슬금슬금 서서히 찾아와요. 조그마한 스트레스 거리가 하나둘씩 쌓이는 게 느껴지면 그때부터 조심해야 해요. 그걸 모른 척 하고 있다가는 어느 순간 '뭔가 잘못됐다!'는 느낌이 들 거예요. 하지만 그때는 무엇이 어디서부터 잘못됐는지 전혀 알 수가 없지요.

스트레스는 절대 그냥 사라지지 않아요. 하루 이틀 지나도 사라질 줄 모르고 주위를 어슬렁거려요.

스트레스는 나타났다하면, 여러분의 일을 엉망으로 만들 때
까지 떠나질 않아요. 어떤 일들을 벌여놓느냐고요?

스트레스 때문에 생기는 일

- 도저히 잠을 잘 수가 없다.

- 잠에서 깨도 여전히 피곤하고 긴장된다.

- 속이 울렁거리고 머리가 아프다.

- 슬프고, 화가 나고, 귀찮고, 외롭고, 모든 게 짜증스럽다.

- 하루하루 사는 게 힘들다.

- 학교에서 공부하는 것도, 친구들과 노는 것도, 무언가를 배우는 것도 모두 다 힘들다.

- 소리 지르거나 고함을 치거나 다른 사람들에게 화를 낸다.

- 어딘가로 도망가서 숨고 싶은 기분이 든다.

- '기분 좋아'라는 말이 잘 안 나온다.

스트레스에 관한 몇 가지 진실

스트레스는 여간해선 잘 사라지지도 않는데다, 처음부터 없었던 것처럼 모른 척 할 수도 없어요. 스트레스를 완전히 무시하기란 힘들죠.

스트레스는 정말 우리를 짜증나게 해요.

스트레스는 여러분의 부모님이 아니에요. 부모님이 하시는 말씀은 꼭 들어야 하지만, 스트레스가 하는 말은 들을 필요가 없죠.

스트레스는 열심히 공부해야 하는 과목도 아니고요.

자, 그럼 여러분의 스트레스 지수가 어느 정돈지 다시 한 번 알아볼까요? 여러분은 어느 단계에 해당되나요?

스트레스 지수계

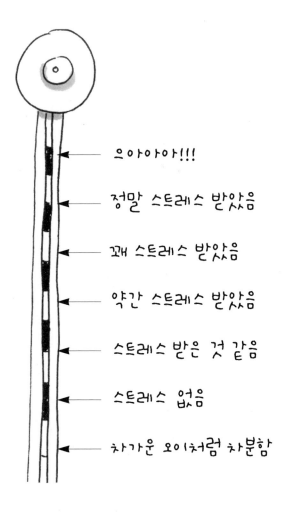

으아아아!!!

정말 스트레스 받았음

꽤 스트레스 받았음

약간 스트레스 받았음

스트레스 받은 것 같음

스트레스 없음

차가운 오이처럼 차분함

스트레스를 약간 받은 상태라면 꼭 나쁘다고만은 할 수 없어요. 때로 스트레스는 집중력이나 일하는 속도를 높여주기도 하거든요. 예를 들어 선생님께서 언제까지 숙제를 내라고 날짜를 정해주면, 날짜를 정해주지 않을 때보다 더 잘하고 싶은 기분이 들잖아요? 친구들끼리 놀면서 축구를 할 때보다 시합에 나가게 되면 숨어 있는 실력이 불쑥 나타나는 것처럼 말예요. 바이올린 발표회가 열린다는 소식을 들으면 더 열심히 연습하고 싶은 것도 비슷해요.

그러나 스트레스를 받으면 대부분은 기운이 빠지고 피곤하
다는 느낌이 들어요. 걱정만 늘어놓게 되고요.

스트레스를 받으면...

　요란하게 울리는 알람시계처럼 스트레스는 우리의 몸과 마음을 정신없게 만들어요. 스트레스가 심해지면 **삐빅 삐빅 삐빅 삐빅!!** 신호가 울려요. 그 신호를 듣자마자 신경질이 나고 그냥 어딘가로 도망가고 싶어질 거예요.

　전문가들은 이런 반응을 '공격(싸우거나)－도피(도망가거나) 반응'이라고 부릅니다. 스트레스를 일으키는 상황에 처했을 때 사람의 몸과 마음은 특정한 반응을 나타내는데, 그 반응이 바로 '공격－도피 반응'이죠.

'공격-도피 반응'은 우리를 괴롭게 만들지만, 때때로 우리를 보호해주기도 해요. 지금을 원시시대라고 상상해보세요. 숲속에서 창을 만드느라 집중하고 있는데 어딘가에서 굶주린 호랑이가 이빨을 번뜩이며 나를 노리고 있다면요!

그런 긴박한 상황에서 싸우거나 도망치지 않는다면 보나마나 호랑이 밥이 되고 말 거예요.

다행히도, 우리의 몸과 머리는 위험한 상황에 처했을 때 해야 할 일을 잘 알고 있어요. 정말 눈 깜짝할 사이에 '도망갈 것이냐 싸울 것이냐'를 결정하죠.

- 심장이 두근두근 빨리 뛰기 시작하면 몸과 마음이 위험을 알아챘다는 소리죠.

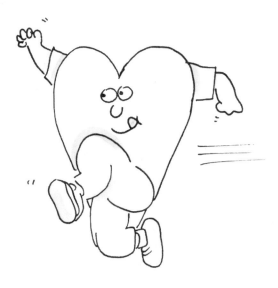

- 심장이 빠르게 뛰면 몸속의 혈액도 빠르게 흘러요. 그러면 혈액이 근육으로 몰리게 되겠죠. 가장 센 주먹을 날리거나 가장 빨리 도망갈 수 있도록 몸이 준비하는 거예요.

- 흥분하면 몸속의 에너지를 재충전시켜주는 특별한 호르몬이 나와요.
- 싸우거나 도망갈 준비가 됐으면 갑자기 몸에서 땀이 나요.
- 소화기관은 잠시 활동을 멈추고요.

이런 반응들은 배고픈 호랑이를 만났을 때, 불량배를 만나 도망가야 할 때, 아니면 친구들 앞에서 잘못했다고 말할 때 등 생활 속에서 자주 일어나요.

자, 이제 원시시대에서 현재로 돌아오세요. 지금은 배고픈 호랑이를 상대할 때가 아니니까요. 그보다 더 무시무시한 놈이 기다리고 있답니다. 그것은 바로…

발표랍니다!

교실 앞에서서 친구들을 바라보는 순간, 우리 몸속에 숨어 있던 '공격–도피 반응'이 꿈틀거리는 게 느껴질 거예요. 그런 다음엔 곧바로 다음과 같은 일들이 벌어지지요.

말이 막 꼬이고 아무 생각도 나지 않는다.

얼굴이 새빨개진다.

입이 자꾸 마른다.

진땀이 난다.

심장이 두근거리면서 터질 것 같다.

배가 아프거나 속이 울렁거린다.

피가 다 빠져나간 것처럼 손과 발이 차갑다.

어디론가 도망가서 숨고 싶다.

이런 '공격 – 도피 반응'은 상황을 더욱 나쁘게 만들어요!

121

지금은 호랑이가 설쳐대는 원시시대도 아니지만, 사람들은 위험하거나 스트레스 받는 일들이 생기면 여전히 그때처럼 싸우거나 도망가고 싶은 충동을 느낀답니다. 아닌 것 같다고요? 그럼 일단 눈을 감고, 혼자서 캄캄한 밤거리를 걷고 있다고 상상해보세요. 그때 갑자기 뒤에서 발자국 소리가 나는 거예요. 좀 무섭나요? 긴장된 상황을 조금만 더 상상해보세요. 어때요? 얼른 도망가고 싶어지지요, 아니면 뒤를 휙 돌아보면서 '버럭' 소리를 지르고 싶어지지요?

스트레스의 원인

우리에게 스트레스를 주는 것들은 정말 많아요. 몇 가지만 예를 들자면,

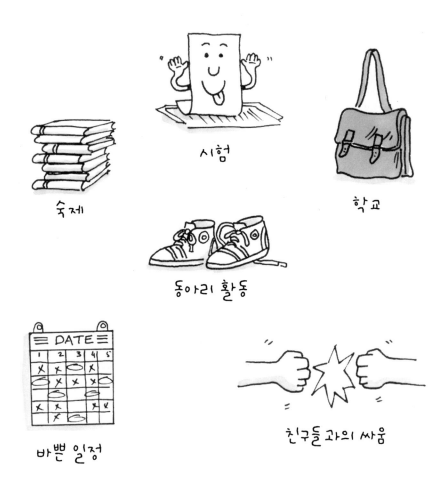

숙제

시험

학교

동아리 활동

바쁜 일정

친구들과의 싸움

싸움꾼

지구에 대한
걱정

폭력에 대한 공포

가족들 간의 다툼

모든 사람들이 나를
좋아해주었으면 하는 마음

성적표

이런 이유들 때문에 걱정해본 적이 있나요? 사실 저런 걱정
은 누구나 해요. 안 해본 사람이 없을 정도라니까요.

학교를 마친 다음에도 할 일이 산더미 같다고요? 혹시 아래와 같은 일들이 여러분을 기다리고 있나요?

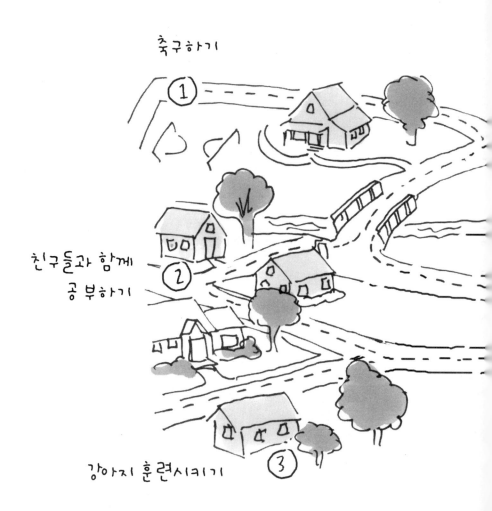

학교가 끝난 후에 여러 가지 활동을 하는 것은 취미도 되고 능력을 개발시키는 데도 큰 도움이 돼요. 그러나 '너무' 많은 활동을 하면 금세 지치고 말 거예요. 만약 학원을 여러 개 다니고, 집에 와서 또 과외를 받고 있다면 지금 당장 부모님과 상의해보세요. 무엇을 그만뒀으면 좋겠나요?

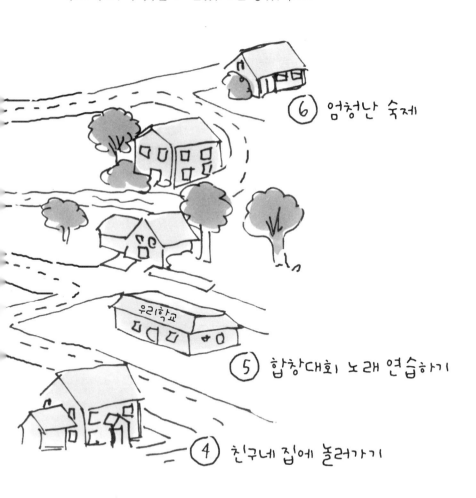

⑥ 엄청난 숙제

⑤ 합창대회 노래 연습하기

④ 친구네 집에 놀러가기

긴장하면 누군가에게 마구 소리치고 싶거나 그 상황에서 도망가고 싶어져요. 그러나 중요한 것은 그래도 스트레스가 사라지지 않는다는 거예요. 부메랑처럼 다시 우리에게 돌아온답니다.

누구나 스트레스를 피하고 싶어 해

스트레스는 사람을 걱정스럽고, 불안하고, 당황하게 만들어요. 이러한 마음은 어른들도 똑같아요. 이럴 때는 당장 어디론가 도망가고 싶어지지요. 너무나 당연한 거랍니다.

선해는 배구시합을 싫어한답니다. 공이라도 놓치면 같은 팀 아이들이 짜증을 내거든요. 그래서 선해는 배구하는 걸 무서워해요. 어느 날, 선해는 시합에 빠지기 위해 손가락을 다친 척했어요. 피멍이 든 것처럼 손가락을 까맣게 칠하고 가짜 반창고까지 붙인 채 체육 선생님께 간 거죠. 그러나 선생님이 바보도 아니고, 가짜 멍 자국에 속을 리 없잖아요?

동호는 여름캠프에 참가하는 게 처음이에요. 그래서 가족과 떨어져 지내야 한다는 사실이 엄청난 스트레스였지요. 그렇지만 부끄러워서 아무에게도 그런 말을 하지 않았어요. 그러나 스트레스 때문에 진짜 병이 나고 말았어요. 결국 동호는 집으로 돌아가고 싶다는 내용의 긴 편지를 집으로 보냈답니다.

경수는 정말 참을 만큼 참았어요. 엄마는 경수에게 방을 깨끗이 청소해라, 숙제해라, 바이올린 연습해라, 동생과 놀아줘라, 물고기 밥을 줘라, 성적을 더 잘 받아라, 학교에 지각하지 마라, 누가 시키지 않아도 집안일을 거들어라 등등 수많은 잔소리를 하셨지요. 어느 날 밤, 경수는 더 이상 참지 못하고 이렇게 소리 쳤어요. "난 이 집을 나갈 거야! 다시는 엄마 얼굴 안 볼 거야!" 가방을 싸서 씩씩하게 현관문을 걸어 나왔지만, 밖은 어둡고 무서웠어요. 경수는 10분 동안 차가 쌩쌩 다니는 길가에 우두커니 서 있다가, 다시 집으로 돌아왔답니다.

지혜는 달리기를 아주 잘해요. 100미터 달리기 경기에서도 충분히 1등 할 자신이 있었어요. 그런데 막상 달릴 차례가 되자 갑자기 너무 긴장되고 두려운 거예요. 꼭 1등을 해야겠다는 생각 때문에 손에서 땀이 날 지경이었어요. 결국 지혜는 친구들에게 왼쪽 발목을 삔 거 같다고 거짓말을 했어요. 그러나 막상 다른 친구들이 뛰는 차례가 되자, 방금 전에 자기가 했던 말을 까맣게 잊어버리고 펄쩍펄쩍 뛰면서 응원을 한 거예요! 그 모습을 본 친구들은 어이가 없다는 표정으로 이렇게 말했어요.

아마 여러분도 스트레스 받는 상황에서 벗어나기 위해 도망치거나 꾀병을 부린 적이 있을 거예요. 시험 치는 날 배가 아픈 척 꾀병을 부린 적이 있나요? 많은 아이들이 이런 행동을 하지요. 그러면 학교에 가는 대신 하루 종일 침대에 누워 텔레비전을 볼 수 있잖아요. 그렇지만 그게 올바른 해결방법일까요? 지금 당장은 시험을 안 봐서 좋을지 몰라도, 시험이란 언젠가는 꼭 봐야 되는 거예요. 이번에 시험을 안 보면 다음 시험 때는 두 배로 더 열심히 공부해야 해요. 얼마나 골치가 아프겠어요? 명심하세요. 하기 싫은 일을 피한다고 해서 스트레스는 절대 사라지지 않아요.

100% 실패하는 스트레스 탈출방법

1. 학교를 안 간다. 별로 좋은 방법이 아니에요. 꾀병은 꼭 들키게 돼 있거든요. 언젠가는 보충수업을 받아야 해요.

2. **마구 먹는다.** 스트레스를 받으면 사탕과 오징어, 초콜릿 등 달고 짠 음식에 손이 가게 마련이에요. 그런 음식을 먹으면 먹을수록 우리 몸은 점점 더 많은 스트레스를 받게 될 거예요.

3. **화를 낸다.** 화를 내면 낼수록 기분은 더 나빠질 거예요. 그리고 상대방의 기분도 나빠지겠죠. 어쩌면 싸우게 될지도 몰라요. 그러면 스트레스는 더 심해지지요.

스트레스 받는 상황에서 도망가려고만 하지 말고, 걱정거리
가 있다면 솔직히 털어놓으세요. 부모님이나 친척, 담임선생
님, 학교의 상담선생님, 언니나 오빠, 교회선생님, 친구 등에게
말하세요. 그러면 모두들 도와줄 거예요. 어떻게 말할까 걱정
하지 말고 그냥 이렇게 말하세요. "지금 스트레스를 많이 받
고 있어요. 어떻게 해야 할까요?"

그저 그런 스트레스 탈출방법

오, 아래에 나와 있는 방법은 쳐다보지도 말아요. 이런 방법으로 잠시 동안은 스트레스에서 벗어날 수 있을지 몰라도, 결국엔 더 큰 스트레스를 불러올 거에요!

비디오 게임

컴퓨터 게임

텔레비전

최악의 스트레스 탈출방법

스트레스 받았다고 벽에 머리를 마구 부딪혀봤자 머리만 나빠질 뿐이에요. 커다란 혹이 생길지도 몰라요.

경고   절대 따라하지 마시오.

물건을 부수는 것도 스트레스를 없애는 데는 아무런 도움이
안 돼요. 자기 물건을 망가뜨리면 결국 불편한 사람은 자신인
걸요.

땅바닥이나 벽을 걷어차면 발만 아파요!

나 이외의 사람들, 환경 탓을 하는 것도 전혀 도움이 안 되죠.

욕하는 것은 상황을 더욱 더 나쁘게 만들 뿐이에요.

동물을 괴롭히면서 스트레스를 푸는 것은 결국 동물과 여러 분 모두에게 상처를 남길 거예요. 애완동물들은 스트레스란 말을 모른답니다. 애완동물을 사랑해주세요.

시끄럽게 떠드는 막내 동생을 벽장에 가둔다고 스트레스가 사라질까요? 바쁠 때 동생들이 귀찮게 한다면 그냥 부모님께 말하세요.

안 돼요! 담배를 피운다고 긴장이 풀리거나 기분이 좋아지는 건 아니에요. 자동차 배기가스를 잔뜩 마시면서 긴장을 풀고 싶나요? 어쩌면 담배를 피우는 게 그것보다 더 나쁠지 몰라요.

스트레스 때문에 정신없을 때, 24시간 내내 긴장될 때, 어딘 가로 도망가고 싶고 모든 것이 지긋지긋해질 때, 그때가 바로 휴식이 필요한 때에요. 편안히 쉬면서 스트레스가 설치지 못 하게 하세요. 여러분에게는 스트레스를 다스릴 수 있는 힘이 있어요. 단지 적당한 도구만 있으면 되지요.

스트레스 해결사가 되는 법

자동차 정비사는 자동차를 고치죠. 그럼 스트레스 해결사는 요? 스트레스 해결사는 스트레스를 없애는 사람이에요.

만약 화가 머리끝까지 나서 스트레스를 감당할 수 없는 상황이라면, 스트레스 해결사로 변신해봐요. 잘못된 게 무엇인지 원인과 이유를 찾아보고 스트레스를 날려버릴 수 있는 나만의 방법을 사용하는 거죠.

스트레스를 받으면··· #1

불안하고, 정신이 하나도 없고, 계속 안절부절못하게 돼요.

평소처럼 차분하게 마음을 가라앉혀요.

음, 그럴 때일수록 불안해하지 말고 평소처럼 마음을 차분하게 가라앉힐 필요가 있어요. 스트레스를 받으면 신경이 예민해지지만, 힘이 넘쳐흐르는 상태가 되기도 해요. 그 힘을 좋은 곳에 사용해봐요. 강아지와 산책을 하거나 롤러 블레이드를 타는 거죠. 만약 그것도 할 수 없을 정도로 기분이 안 좋은 상태라면 잠깐 휴식시간을 가져 보세요. 조용하게 그러나 조금 빠르게 걷거나 깊게 심호흡을 해보세요. 기분이 훨씬 좋아질 거예요.

스트레스를 받으면… #2

더 이상 스트레스를 참을 수 없는 상태가 되면 모든 것들이 짜증스럽게 느껴져요. 작은 소리나 움직임에도 참지 못하고 소리를 질러버린다니까요.

으아아아아아아아

쉿, 조용히!

마음을 가라앉히는 데는 약간의 시간이 필요해요. 방이나 창고에 나만의 비밀장소를 만들어보세요. 의자와 담요도 갖다놓고, 편안하게 앉아서 좋아하는 음악을 들어보세요. 아니면 조용히 눈을 감고 상상하는 거예요. 따뜻한 숲에 있는 나무로 만든 아담한 오두막집이나, 아무도 없는 조용한 바닷가, 눈이 펑펑 쏟아지는 공원처럼 평화로운 장소를 떠올려보세요.

스트레스를 받으면… #3

스트레스를 받으면 머릿속이 멍해져요.

자, 가슴 가득 숨을 깊게 들이마셔 보세요.

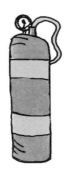

　친구의 말을 듣고 있을 때 혹은 수업시간 중에 자신도 모르게 자주 멍해진다면, 일단 깊고 편안하게 숨을 쉬어보세요. 크게 숨을 들이마시면 뇌 속으로 더 많은 산소가 전해지기 때문에 머릿속이 맑아져요. 가능하다면 바깥으로 나가 맑은 공기를 마셔 보세요.

스트레스를 받으면… #4

아침부터 저녁까지, 잠을 자면서도 걱정을 멈출 수가 없어요.
심지어 말도 안 되는 상황까지 떠올리게 되죠.

만약에 번개를 맞으면 어쩌지?

만약 화장실에 앉아 있을 때 외계인이 나타나면 어떡하지?

그냥, 스트레스를 뛰어넘어 버리세요.

걱정거리가 많다는 것은 상상력이 뛰어나다는 뜻이에요! 그 상상력을 마음껏 사용하세요! 그림을 그리거나, 이야기를 쓰거나, 춤을 추거나, 인터넷 홈페이지를 만들거나, 개그맨처럼 웃기는 동작을 연습하는 거예요. 걱정을 떨쳐버릴 수 있는 재미있는 일에 집중해보세요.

스트레스를 받으면… #5

스트레스가 시키는 대로 행동하게 돼요. 마치 대장의 명령에
따르는 부하처럼 말이에요.

스트레스를 쓱쓱 잘라서 조그맣게 만드세요.

머릿속으로 상상해봐요. 지금 여러분을 괴롭히는 스트레스를 조그맣게 잘라서 눈에 안 보일 정도로 만드세요.

스트레스는 우리의 마음을 답답하게 만든답니다. 스트레스를 받으면 아무것도 할 수 없게 되죠. 그러니 스트레스를 키우지 말아요. 여러분은 스트레스보다 훨씬 더 큰 존재에요. 스트레스를 줄일 수 있는 좋은 방법을 찾게 될 거라고 마음속으로 다짐해보세요.

스트레스를 이길 수 있는 방법에는 어떤 것들이 있을까요?

스트레스를 이기는 몇 가지 방법들

• 조용하고 부드러운 음악을 듣는다.

• 친구들과 시간을 보낸다.

• 산책을 한다.

• 악기를 연주하거나
그림을 그린다.

• 취미활동을 한다.

• 영화를 본다.
무서운 영화는 빼고!

160

- 좋은 책을 읽는다.

- 깊게 숨쉬는 법을 연습한다. 숨을 들이마시면서 밀려오는 파도를 상상하세요. 그 파도처럼 좋은 기운이 몸속으로 쏙 빨려 들어온다고 상상하면서 숨을 들이마시는 거예요. 숨을 내쉴 때는, 몸속에 가득 찬 좋은 기운이 몸 구석구석으로 퍼져간다고 상상하세요. 몇 분 동안 이렇게 숨을 쉬면 마음이 금세 편안해질 거예요.

- 자원봉사를 한다. 누군가에게 도움을 주는 것은 스스로를 돕는 방법이기도 해요.

• 심부름을 한다. 스트레스를 받았을 때 심부름을 한다니 말도 안 되는 소리 같지만, 마당을 쓸거나 방청소를 하면 어느새 마음이 진정된답니다.

• '걱정을 담는 유리병'을 만든다. 하루 종일 걱정 때문에 골치가 아프다면, 조그만 종이에 걱정거리를 하나하나 적어 보세요. 글로 쓰는 순간 걱정거리가 우스워 보일 거예요. 조그맣게 접어서 병에 넣은 다음 뚜껑을 닫고 보이지 않는 곳에 보관하세요. 더 이상 걱정하지 않게 될 거예요.

- 애완동물과 논다. 전문가들이 말하길 애완동물은 사람들의 스트레스를 낮춰준다고 해요. 강아지와 뛰어놀거나, 고양이를 쓰다듬어 주거나, 새소리에 맞춰 콧노래를 부르거나, 물고기가 헤엄치는 것을 가만히 들여다보세요. 마음이 편안해질 거예요.

스트레스를 받으면… #6

스트레스가 가득한 생활이 정말 싫어요.

머리를 아프게 하는 문제들이 뭔지
하나하나 차분하게 생각해봐요.

스트레스가 쌓이면 우리는 무엇인가 잘못되어가고 있다는 느낌을 받기 마련이에요. 그러나 무엇이 언제부터 잘못된 것인지는 잘 모르죠. 시간을 가지고 지금 여러분을 괴롭히는 문제들을 정리해보세요. 갑자기 이사를 가게 되서, 혹은 전학을 가게 돼서 걱정스러운가요? 일단 이유를 알게 되면, 해결방법도 나타난답니다.

스트레스를 받으면… #7

걱정을 하면 마음이 급해져요.

마음의 브레이크를 잡아요.

급하게 서두르면 짜증만 날 뿐이에요. 16가지 일을 한꺼번에 하려고 하면 스트레스만 더 커지죠. 그러니까 저녁을 먹으면서, 전화를 하면서, 텔레비전을 보면서, 잡지책을 보면서 숙제를 하려고 하지 마세요. 한 번에 한 가지 일만 하도록 노력하세요.

스트레스를 받으면… #8

해야 할 일이 많아도 시작조차 하지 못해요.

해야 할 일을 종이에 써 보세요.

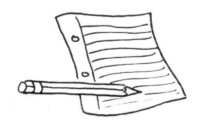

많은 사람들은 할 일이 너무 많을 때 스트레스를 받아요. 그럴 땐 '할 일 목록'을 만들어보세요. 그러면 허둥대며 당황하는 일은 없을 거예요. 우선 해야 할 일들을 모두 적은 다음, 중요한 순서대로 번호를 매겨보세요. 제일 먼저 해야 할 일이 너무 어려워 보이나요? 그렇다면 그 일을 작게 나누어보세요. 이제 할 수 있을 것 같나요? 아직도 시작이 망설여진다면 더 자세하게 그 일을 나누세요. 그리고 그 일을 잘 끝냈으면 자기 자신을 칭찬하는 의미에서 잠시 쉬었다가, 또 다시 다음 일에 씩씩하게 도전해봐요!

스트레스를 받으면… #9

스트레스를 받으면 머리부터 발끝까지 온몸이 아파요.

나사를 풀듯이, 긴장을 풀어요.

스트레스를 받으면 근육이 긴장되고, 어깨나 목이 뻣뻣해지고, 누가 온몸을 잡아당기는 것처럼 아파요. 그럴 때는 간단한 운동을 해서 긴장을 풀어줘야 해요.

긴장을 풀어주는 10단계 운동

이 10단계 운동은 아주 쉬워요. 한 번만 읽어보면 누구나 금방 따라 할 수 있을 거예요.

1. 남에게 방해받지 않을 조용한 공간을 찾아봐요. 공원 같은 야외도 좋아요. 신선한 공기를 마시면 저절로 기분이 좋아지니까요.

2. 좋은 곳을 찾았다면 이제 편안한 자세로 바닥에 앉으세요.

3. 눈을 살짝 감아봐요. 물론 졸면 안 되겠죠.

4. 숨을 깊게 쉬어요. 숨을 들이마시고 내쉬는 것에 정신을 집중하세요. 숨을 들이마시면서 1에서 5까지 세고, 내쉴 때도 1에서 5까지 세어 봐요. 이때 가장 중요한 것은 천천히 하는 거예요.

5. 계속 숨쉬기에 정신을 집중하세요. 숨을 내쉬면서 '나는 편안해.'라는 말을 되뇌어보세요.

6. 숨을 쉬는 동안에는 머리부터 발끝까지 모든 긴장을 푸세요. 일단 이마부터 시작해보자고요. 숨을 들이마시면서는 이마의 근육을 긴장시키고, 숨을 내쉬면서는 힘을 빼는 거예요.

7. 이렇게 힘을 주고 푸는 과정을 계속해보세요. 이마의 근육을 조였다가 풀어주는 과정이 끝났으면 어깨, 팔, 손, 배, 다리, 발까지 차례로 내려오면서 각각의 신체부위를 편안하게 조였다 풀었다 해봐요.

8. 발가락까지 해봤다면 이제는 잠시 휴식할 시간이에요. 깊게, 그리고 천천히 숨을 쉬어보세요.

9. 감았던 눈을 천천히 떠보세요. 자, 이제 긴장된 몸이 조금은 편안해졌나요?

10. 얼마나 기분이 좋아졌는지 느낄 수 있겠죠?

언제 어디서든 긴장을 풀고 편안한 기분을 느끼고 싶다면 앞의 운동을 해보세요. 혹시 앞에 나왔던 '공격 - 도피 반응'이 생각나나요? 이제 싸우거나 도망가는 대신 앞의 방법을 사용해 보세요. 온몸이 편안해지면서 머리가 맑아지고, 팔 다리에 생기가 돌 거예요. 긴장을 풀면 모든 게 즐거워지죠!

스트레스를 받으면… #10

금방이라도 머리가 폭발할 것 같죠.

나사를 조이듯이, 폭발할 것 같은 기분을 조여 보세요.

혹시 이런 말 해본 적 있나요? "축구팀에 들어가지 못하면 죽어버릴 거야!", "저 청바지를 못 사면 울어버릴 거야!" 그런데 정말 그런 일들 때문에 평생 속상해할 건가요? 당연히 아니죠! 스스로에게 이렇게 말해보세요. "갖고 싶은 걸 가질 수 없게 되면 아마 기분은 좀 나쁘겠지. 그래도 그것 때문에 죽을 수는 없잖아?" 가장 현실적이고 현명한 대답이에요. 그렇게 생각하면 스트레스도 덜 받겠죠. 정말 최고의 방법이지요!

스트레스를 받으면… #11

내가 정말 멍청하다는 생각이 들어요.

반짝반짝 밝은 표정을 지어보세요.

끊임없이 스스로를 멍청이라고 생각하는 것만큼 스트레스 주는 일이 또 있을까요? 자신도 모르게 어느새 자신에게 부정적인 말만 하고 있다고요? "내 친구들은 항상 날 바보라고 생각해." "내가 하면 무슨 일이든 엉망진창이 돼." 이제 자신을 똑바로 바라보고, 그런 터무니없는 말 따위는 저 파란 하늘로 던져버리세요. 그런 말 대신, "열심히 한 만큼 좋아질 거야." "나 말고 다른 사람들도 모두 실수하는 데 뭘!"이라고 말해보세요.

179

스트레스를 받으면··· #12

모든 게 엉망진창인 것 같아요. 그래서 내 맘대로 할 수 있는 게 하나도 없어요.

그럴 땐 안전 그물을 써보세요.

안전그물이 뭐냐고요? 서커스에서 공중그네 묘기를 본 적이 있나요? 묘기를 부리는 사람들의 안전을 위해 아래에 쳐 놓은 그물이 바로 안전그물이에요. 몸을 보호하기 위해서만 안전그물이 필요한 것은 아니에요. 너무 슬프고, 외롭고, 화나고, 불안하고, 짜증나서 모든 걸 그만두고 이불 속에 기어들어가고 싶을 때, 안전그물처럼 여러분을 보호해줄 누군가가 필요한 거죠. 여러분의 말에 귀 기울여주는 사람은 누군가요? 도움이 될 만한 사람을 찾아보세요.

181

스트레스 예방법 10가지

 1. 활기차게 움직이기. 운동은 몸을 건강하고 튼튼하게 만들어줄 뿐 아니라 기분까지도 상쾌하게 만들어줘요. 몸과 마음을 모두 건강하게 만들 수 있는 최고의 방법인 셈이죠. 스트레스를 이겨낼 수 있는 힘도 그만큼 더 강해질 거예요.

2. 좋은 음식 먹기. 몸에 좋은 음식을 먹으면 당연히 몸은 더욱 건강해지겠죠? 몸이 튼튼할수록 스트레스도 빨리 물리칠 수 있어요. 신선한 과일과 야채, 밥, 유제품, 지방을 없앤 살코기를 많이 먹도록 해요.

3. 카페인이 든 음료 마시지 않기. 청량음료나 커피, 차에 들어 있는 카페인은 신경을 곤두서게 만들어요. 졸지 않기 위해서 카페인이 든 차를 마시는 사람이 있는데, 자야 할 때 잠을 못 잔다는 것 자체가 바로 스트레스 아닐까요? 차라리 빨리 자고 일찍 일어나는 게 더 좋아요.

4. **충분히 자기.** 피곤하고 지쳐 있는 상태일수록 스트레스를 이기기가 힘들어요. 편안하게 잠을 잘 자면 몸과 마음의 에너지도 재충전된답니다. 푹 자고 일어나면 아침을 기분 좋게 맞이할 수 있을 거예요.

5. **감정 표현하기.** 하루에도 몇 번씩 화가 나고, 슬프고, 짜증나고, 샘나고, 서운하고, 상처받곤 하나요? 그럴 때 감정을 꾹꾹 누르려고만 하지 말고 자신의 기분에 대해 말을 하거나 글로 써 보세요. 말이나 글로 감정을 표현하고 나면 어느새 가슴 속이 시원해졌다고 느낄 거예요.

6. **많이 웃기.** 웃을수록 스트레스가 사라진다는 말은 사실이에요. 배꼽 빠지게 재미있는 농담이나 웃기는 이야기를 외워뒀다가 스트레스가 심할 때 다시 한 번 떠올려보세요. 자기도 모르게 킥킥 웃음이 새어나올 걸요. 아니면 코미디 프로그램을 보세요. 웃고 있으면 스트레스는 저 멀리 도망가 버린답니다.

7. 정리정돈하기. 지금 당장 필요한 물건이 도대체 어디에 있는지 찾을 수 없을 때 짜증이 막 나죠? 혹시 그런 일이 자주 일어나나요? 옷과 책, 장난감이 온 방안에 널려 있나요? 오, 바닥에 과자 부스러기까지 있다고요? 필요한 물건을 어디에 뒀는지 도무지 기억 안 날 때가 많은가요? 물건을 잃어버릴수록 스트레스는 늘어나지요. 항상 깨끗하게 방을 정리해두고 제자리에 물건을 두는 습관을 키우세요.

8. 계획 세우기. 무엇을 해야 할지 막막한가요? 일이 끝나지 않을 것 같나요? 우선 계획을 세워요. 달력에 계획을 짜고, 날짜를 계산하고, 다른 중요한 일들을 표시해두세요. 숙제와 공부계획은 따로 세워보세요.

9. 문제에 대해서 말하기. 언제나 내 말을 잘 들어주고 신경 써주는 사람이 누구인가요? 엄마, 아빠, 선생님, 제일 친한 친구? 그 사람에게 찾아가 문제에 대해 이야기를 나누어보세요. 가슴속이 시원해질 거예요.

10. **자신의 실수 용서하기.** 실수를 할 때마다 자신이 너무 바보처럼 느껴지나요? 자기 자신에게 벌을 줘봤자 실수를 되돌릴 수는 없어요. 대신 실수한 만큼 경험을 쌓고 배움을 얻었다고 생각하세요. 최소한 다음에 하지 말아야 할 일 정도는 알게 될 거예요.

11. **'나는 나'라고 생각하기.** 다른 사람이 멋져 보인다고 해서 그 사람처럼 행동하는 건 오히려 스트레스를 더하는 일이에요. '나는 나'라는 생각을 갖고 생활하세요. 다른 사람의 행동이 아니라 자신의 행동 중에서 멋졌던 면을 찾아보세요.

12. **현재 갖고 있는 것들 소중히 하기.** 터무니 없이 비싼 물건들만 갖고 싶다면 아무리 좋은 것들을 갖고 있어도 만족할 수 없을 거예요. 갖고 싶은 것들만 생각하지 말고, 지금 무엇을 갖고 있는지 생각해보세요. 지금 갖고 있는 것들이 얼마나 소중한지 말이에요. 언제나 나를 걱정해주는 가족들, 나만 보면 꼬리를 흔들며 달려오는 강아지, 화창하고 맑은 하늘은 돈을 주고도 살 수 없답니다.

스트레스는 정말 짜증나요. 그렇지만 이제 여러분은 스트레스를 받을 때 어떻게 이겨내야 하는지 알게 되었어요. 무엇 때문에 스트레스가 생기는지 알게 되었고, 스트레스 해결사로 변신해 스트레스를 줄일 수 있는 방법을 찾았지요. 그리고 무슨 일이 닥치든, 어떤 기분이든 천천히 깊게 숨쉬는 습관을 들이면 마음이 편안해진다는 것도 알았어요. 지금까지 배운 스트레스 탈출방법을 잘 지키면, 더 이상 스트레스가 여러분을 괴롭히지 않을 거예요!

빠르게 돌아가는 세상, 예전보다 더 무거워진 시험과 성적의 압박은 아이들을 강하게 짓누릅니다. 어린이날 선물로 '안마기'를 사달라고 한 초등학생처럼 점점 더 많은 아이들이 스트레스에 시달리고 있습니다. 하지만 아이들은 자신들이 얼마만큼 무거운 스트레스로 고통 받고 있는지 실감하지 못합니다. 부모님들도 자녀가 얼마나 극심한 스트레스를 받고 있는지 잘 깨닫지 못하고요. 왜냐하면 어른들은 어른들만 스트레스를 받는다고 생각하기 때문이죠. 그렇지만 아이들도 아이들만의 책임과 의무가 있으며, 그것 때문에 어른들만큼 부담감을 느끼고 불안해합니다.

그러나 아이들이 느끼는 스트레스는 보통 잘 드러나지 않습니다. 아이들은 스트레스의 증상만 호소할 뿐입니다. 머리나 배가 아프다고 하거나, 갑자기 식욕을 잃거나 잠을 잘 못 자곤 하죠. 그렇지만 스트레스가 무엇인지 잘 모르는 아이들은 그냥 몸이 아프다고만 하고, 그냥 아픈 것을 빨리 치료해달라고만 할 뿐이에요. 그러니 어른들은 아이들의 몸 상태를 주시하고 있다가 안 좋은 변화가 일어나면 스트레스가 원인이 아닌지 의심해볼 필요가 있어요.

　많은 아이들이 스트레스 때문에 생긴 신체적인 증상을 자신의 잘못 때문에 생긴 것으로 오해하기도 합니다. 무슨 잘못이라도 저질렀는지 걱정하지만, 누구도 이해하지 못할 거라고 생각하기 때문에 좀처럼 말을 하려고 하지 않죠. 그렇게 꾹꾹 눌러 담고 있으면 결국 이런 증상을 보일 거예요.

- 항상 울고 싶어 하거나
- 세상을 두려워하고
- 어둠과 낯선 사람을 무서워하고
- 갑자기 무시무시한 일이 닥칠까봐 불안해하고
- 잠자리에 지도를 그리고
- 혼자 있기를 싫어하고
- 악몽을 꾸고
- 무기력해져서 아무것도 하지 않으려고 합니다.

이럴 때 어른들은 무엇을 할 수 있을까요? 일단 아이들이 스트레스 때문에 고통 받고 있다는 사실을 깨달아야 합니다. 스트레스는 아이들의 생활에서도 큰 몫을 차지하고 있으니까요. 아이에게서 스트레스의 증상들을 찾아보세요. 학교생활을 힘들어 하나요? 가족, 친구들과는 잘 지내나요? 스트레스가 아이들의 생활에 영향을 미칠수록, 아이들은 점점 더 많은 것들을 걱정합니다. 어른들의 보살핌만이 이런 악순환을 막을 수 있습니다.

아이들이 스트레스를 잘 이겨내도록 하기 위해서 어른들은 무엇을 도와줄 수 있을까요? 이런 것들을 참고해보세요.

- 아이들에게 안전하고 편안한 환경을 제공한다.
- 안정적으로 일상생활을 할 수 있도록 도와준다.
- 아이들이 생각과 고민거리를 자유롭게 얘기할 수 있도록 분위기를 유도한다.
- 걱정과 공포를 호소할 때 귀 기울인다.
- 아이가 짜증을 내더라도 사랑하는 마음으로 나무라지 않는다.
- 아이들이 스트레스를 느끼는 원인을 찾아낸다.
- 앞으로 닥쳐올 변화에 대해서 함께 대화한다.
- 휴식시간을 갖는다.

- 몸에 좋은 음식을 먹이고 적절한 운동을 하도록 도와준다.
- 잠을 잘 잘 수 있도록 도와준다.
- 잠자기 전에 내일 필요한 것들을 먼저 챙겨놓게 해서 다음 날 아침에 허둥대지 않도록 도와준다.
- 선택권을 주고 자신의 삶을 직접 관리할 수 있도록 한다.
- 스스로에 대한 자부심을 키워준다.
- 강함의 올바른 뜻을 알려주고 스스로 강해질 수 있도록 도와준다.
- 숙제나 공부를 잘할 수 있도록 도와준다.
- 아이에게 너무 많은 기대를 하고 있지는 않은지 자신을 돌아본다.
- 경우에 따라 의사나 심리치료사, 상담가 등 전문가의 조언을 구한다.

아주 어린 아이들도 스트레스 증상을 겪을 수 있습니다. 그럴 때 아이들은 스스로 문제를 해결하려고 합니다. 그러니 문제가 생기기 전에 이 책을 아이와 함께 읽으면서 자녀에게 맞는 올바른 스트레스 탈출방법을 찾아주세요.

지은이 소개

트레버 로메인 *Trevor Romain*은 남 아프리카에서 태어났고, 어렸을 때 미술에 소질이 없다는 선생님의 말을 듣고 미술공부를 그만두었습니다. 그러나 20년이 지난 어느 날, 우연히 자기도 그림을 잘 그릴 수 있다는 것을 발견하고 그 이후 20권이 넘는 어린이 책을 쓰고 그림을 그렸습니다. 그는 이제 정기적으로 학교에 가서 아이들과 이야기를 나누고, 여가 시간에는 텍사스 오스틴에 있는 브래큰리지 *Brackenridge* 병원에서 소아암 환자들과 함께 시간을 보낸답니다.

엘리자베스 베르딕 *Elizabeth Verdick*은 8년간 아동도서를 편집했습니다. 엘리자베스는《매일매일 중요한 날 만들기*Making Every Day Count : Daily Readings for Young People on Solving Problem, Setting Goals, and Feeling Good About Yourself*》의 공동저자이기도 합니다. 그녀는 현재 미네소타 세인트폴에서 남편과 두 살배기 딸, 고양이 두 마리, 토끼한 마리와 함께 살고 있습니다.

옮긴이 소개

이소희는 숙명여자대학교에서 아동복지학 박사학위를 받고, 동 대학에서 아동연구소장을 역임했으며 현재 숙명여자대학교 아동복지학 교수로 재직중입니다. 국무총리 청소년보호위원회, 대통령 자문 유아교육개혁위원회 위원 및 한국아동학회 총무를 역임했으며, 현재 한국 가족복지학회 회장, 한국 영리더십 센터와 한국부모코칭센터의 자문교수로도 활동중입니다. 저서로는《아동복지실천론》,《보육학개론》등이 있습니다.

이정화는 숙명여대 아동복지학 박사학위를 받고 원광아동발달연구소 상담연구원을 역임했습니다. 현재 한국부모코치센터 대표이자 한양여자대학교 아동복지학과 겸임교수로 재직중입니다. 코칭클리닉 강사 및 한국놀이치료학회 공인 놀이치료사로도 활동하고 있으며, 저서로는《놀이치료 핸드북》,《발달척도 핸드북》등이 있습니다.

한언의 사명선언문

Our Mission

―. 우리는 새로운 지식을 창출, 전파하여 전 인류가 이를 공유케 함으로 써 인류문화의 발전과 행복에 이바지한다.

―. 우리는 끊임없이 학습하는 조직으로서 자신과 조직의 발전을 위해 쉼 없이 노력하며, 궁극적으로는 세계적 컨텐츠 그룹을 지향한다.

―. 우리는 정신적, 물질적으로 최고 수준의 복지를 실현하기 위해 노력하 며, 명실공히 초일류 사원들의 집합체로서 부끄럼없이 행동한다.

Our Vision   한언은 컨텐츠 기업의 선도적 성공모델이 된다.

저희 한언인들은 위와 같은 사명을 항상 가슴 속에 간직하고
좋은 책을 만들기 위해 최선을 다하고 있습니다.
독자 여러분의 아낌없는 충고와 격려를 부탁드립니다.

- 한언가족 -

HanEon's Mission statement

Our Mission

―. We create and broadcast new knowledge for the advancement and happiness of the whole human race.

―. We do our best to improve ourselves and the organization, with the ultimate goal of striving to be the best content group in the world.

―. We try to realize the highest quality of welfare system in both mental and physical ways and we behave in a manner that reflects our mission as proud members of HanEon Community.

Our Vision   HanEon will be the leading Success Model of the content group.